ドリブルデザイナー
岡部将和の
挑戦を駆り立てる
50の言葉

岡部将和

創元社

死ぬ前に人が後悔すること第1位

やらなかったこと

―― Tom Gilovich（心理学者）

挑戦しなかったこと

はじめに

僕の職業は「ドリブルデザイナー」。

自分で作った世界で唯一《ゆいいつ》の仕事だ。


サッカーのドリブル専門の指導者で、日本代表選手を含め、プロ選手達へのパーソナルトレーニングを行なったり、日本全国はもちろん、世界中でドリブルの指導をしている。


その活動をSNSやYouTubeなどで発信しているので、もしかしたら僕のことを知ってくれている人もいるかもしれない。

たとえば、ネイマールと対戦している動画とか、メッシの憧《あこが》れでもあるアイマールに会うためにアルゼンチンに行った動画とか。

最近はテレビにも出演する機会をいただくことが増えてきたか

ら、それで知ってくれている人もいるかな。

ありがたいことに、お仕事の依頼もたくさんいただいている。プロ選手以外にはドリブルのパーソナルトレーニングは行なわないので、一般の方達と交流するのは「ドリブルクリニック」だ。日本だと47都道府県すべて行かせていただいた。だいたい一つのイベントで１００人以上が集まってくれる。そう、「今は」ね。

僕がこの活動を始めた頃《ころ》、参加者の人数はなんと「０人」。厳密には２人か。僕とアシスタントコーチの２人（笑）。クリニックが始まる場所には誰も来ない。

悔《くや》しい思いは当然あった。だけど悲観にくれてやめてしまうことはなかった。僕は楽しかったし、たくさんの人に楽しんでもらう自信があった。

ちなみにその時の僕の収入は月に13万円。結婚《けっこん》もしていて、生活は大変だった。奥さんにも苦労をかけたと思う。

それでもドリブルデザイナーとして生きていくことに自信があった。

そしてその道の先で、世界中でサッカーに関わるとされている16億人の人達に、ドリブルデザイナーとして「挑戦《ちょうせん》する心」を伝え、世の中に今までにない価値を提供すること。ドリブルデザイナーとして大切な家族を幸せにすること。それができると確信していた。

クリニック参加者0人。月に収入が13万円。こんな状況《じょうきょう》の時からね。

挑戦の始まりは、周りの人達からすると無謀《むぼう》に見えたかもしれない。SNSに動画をアップし始めた時は、心ないコメントもたくさん目にした。

だけど、僕はまず自分を信じた。そして今では、失敗と言われてきたことや、否定の言葉にすら感謝できるようになった。
まだまだ大きな夢を叶《かな》える道の途中《とちゅう》であるし、未熟者だけど、自分が決めたこと、叶えたいと思ったことは実現させてきた。

サッカーのプロ選手になれなかった人間が、バロンドールを受賞する世界一の選手の専属コーチになることを、今本気で一つの目標としている。これも絶対にできると思っている。
みんなはどう思うだろう？ 無謀だと思うかもしれない。だけど、僕はできると思っている。

そして、僕だけでなくあなた自身も自分を信じて行動をしていれば、やりたいと思う大体のことはできると思う。

本当にできると思う。

なかなか挑戦の一歩が踏《ふ》み出せない人。踏み出したけど不安になったり、周囲から反対されて挑戦をやめようとしている人。

この本では、そんな人たちの悩《なや》みや質問に答える形で、僕の考え方や生き方を紹介します。

みなさんの背中を少しでも押《お》すことができれば嬉《うれ》しいです。

僕の生き方は、マインド一つで今すぐできる。

この本を読んだ人が、自分らしく幸せに満ちた道を歩めるよう願っています。

岡《おか》部《べ》将《まさ》和《かず》

目次

第3章

さらに上を目指す君へ

50の言葉それぞれに、岡部から読者のみなさんへの質問「岡部チャレンジ」があります。

#岡部チャレンジ50

というハッシュタグをつけて、
ページの写真と
あなた自身の答えを
Twitterで
投稿してください!

その中のいくつかに、岡部が実際にリプライ(返信)します。50個すべてに嘘なく答えられた時、あなたが本当に望む夢に一歩踏《ふ》み出せているはずです。

第1章

夢が
見つからない
君へ

Q1

夢が見つからない

夢がないって？
自分に嘘《うそ》ついてない？

小さくてもわくわくする願望はなに？

#岡部チャレンジ50

夢がない人はいないよ。夢は、どでかいものっていうイメージがあるかもしれないけど、小さくてもわくわくする願望は全部夢なんだ。願望を夢に落とし込めていないだけ。たとえば「ゲームが好きでずっとやっていたい」という思いは、願望でなく夢になる。子どもの頃《ころ》、親に「ゲームなんてするな！」と言われても、好き、やりたいという願望を夢に変えた人だけがプロゲーマーとなり輝いている。みんな夢はあるよ！　君が「夢」と認めさえすれば、それは夢となり現実となる。

Q2

将来の見通しがなくて不安

ボールじゃなくて、ゴールを見ろ。

君のゴールはどこ？

#岡部チャレンジ50

僕は逆算《ぎゃくさん》思考《しこう》で、ゴールから物事を考える。逆算思考っていうのは、未来（答え）から今のほうへ順番に思考を戻していく考え方。僕は心の近視で、近くの目標が見えづらい。反対に、遠くにある強い光（最後の目標）は鮮明《せんめい》に見えるので、それを見続けている。僕の最後の目標は、死ぬ時にどうなっていたいかということ。遠くを見てたら、近くの目標も見えてくるよ。ドリブルだって同じ。

Q3

無理をすることは必要？

自分の心にないことをするのが「無理をする」ということ。

君が「無理をしている」ことはなに？

#岡部チャレンジ50

自分のやりたくないことをするのが、本当の意味で「無理をする」ということ。そういう無理をしても、結果的に言いようのない悲しみや無力感に襲《おそ》われるだけだから、僕は絶対にしない。

叶《かな》えたい夢や、やりたいことに対する「徹底的《てっていてき》な努力」は、どれだけやっても「無理をする」ことにはならないよ。

Q4

好きなことばかりしていて、いいの？

一番好きなことをするために犠《ぎ》牲《せい》にしたのは二番目に好きなこと。

二番目を犠牲にしてでもやりたいことはなに？

#岡部チャレンジ50

僕は、ありのままの自分で、一番好きなことを自分らしくやっていきたいという思いが強かったから、二番目に好きなことは犠牲にしてきた。たとえば、僕は筋トレは好きじゃないけど、一番目に好きなサッカーがうまくなるためなら、二番目に好きなゲームよりも優先順位は高くなる。一番好きなことを活かすために二番目に持ってくるものは嫌《きら》いなものでもいい。

Q5

一番やりたいことがわからない

死を想像しよう。

明日死ぬとしたらやりたいことのベスト5は？

#岡部チャレンジ50

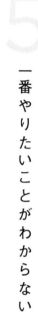

明日死ぬとしたらなにをしたいかベスト5を書き出してみよう。その中のどれかが、本当に自分のやりたいことだと思うよ。僕の場合は、一番が家族と一緒にいること。二番が大好きなドリブルデザイナーの仕事をすること。三、四、五番はその時々で変わる。

つまり僕が一番やりたいことは、家族と一緒にいながら、僕に携わる人たちを輝かせる仕事をすること。その一択だ。

Q6

仕事や勉強がつまらない

自分らしく、自分のできることを全力で。そう思えないことなら今すぐやめたほうがいい。

今の仕事や勉強、楽しい？

#岡部チャレンジ50

人生は、一度きりだから。

第 2 章

一歩
踏み出したい
君へ

Q7

一歩踏《ふ》み出すタイミングとは？

今

今、なにする？
#岡部チャレンジ50

一歩踏み出すタイミングは今。今、この瞬間にできる。僕は「お尻《しり》に火をつける」と言うんだけど、強制的に一歩踏み出さなければならない状況《じょうきょう》に自分を追い込んでいるんだ。一歩踏み出すと二歩三歩は勝手に進むって覚えておこう。

たとえば僕は、全然有名じゃない時から「ネイマールとボールを蹴《け》る！」と言っていたよ。そして実現させた。次はきっと、バロンドールを獲《と》る選手を指導してみせるよ。

Q8

失敗するのが怖い

踏《ふ》み出した先に失敗はない。

踏み出せずに失敗したことはある？

#岡部チャレンジ50

勇気を出して一歩踏み出した先に失敗はない。僕は、周りの人からすれば失敗に見えるようなことはたくさんしていると思うけど、自分自身では失敗だと思っていない。なぜなら、踏み出した先で本当に得たかった「幸せ」はすべて手に入れているから。

唯一《ゆいいつ》失敗があるとしたら、踏み出そうと思っていたのに、そうしなかったこと。でも踏み出さなかった経験も、それを糧《かて》にして次に踏み出せば成功に変えられるよ。

Q9

周りの目が気になって思い通りにいかない

「なぜ」を極めよう。

君は、何のために生きているの？

#岡部チャレンジ50

そもそも、なぜそのスポーツをしているのか。なぜその仕事をしているのか。もっと言えば、なぜ、何のために生きているのか。それがわかっていると行動に迷いがなくなるよ。「なぜ」と自分に問い続けよう。

Q10

今いる環境に満足できない

自分で環境を変えるのが「環境のせいにしない」ということ。

君の理想の環境は？

#岡部チャレンジ50

今いる環境に不満があるのは、現状を変えようとしない自分のせいだと考えよう。具体的にできる行動は、自分がその環境を変えるか、別の場所に移るかの二《に》択《たく》だ。待っていても、人は変えてくれないよ。自分が言い訳せず前を向くしかない環境、やりたいことが全力でできる環境を、自分で作るしかない。

Q11

人と競うことは必要？

競争心は人に向けるものじゃやない。

昨日の自分となにを競う？

#岡部チャレンジ50

競うことには二種類ある。他人と競うことと、自分自身と競うこと。僕は自分を他人と比べないから、昨日の自分としか競わないよ。自分自身と競える人には、そもそも競うという概念《がいねん》がない。

Q12

わざと足を引っ張ってくるヤツがいる

出る杭《くい》は打たれるって？
打てるぐらいの杭は
出ているに入らないんだけど。
打たれていると思うなら、
出ているとも思わないほうがいい。

打たれない杭になるために、なにをする？

#岡部チャレンジ50

僕も周りから批判されることは多いんだ。でも一度も打たれていると思ったことなんてない。まだ、自分が出ているだなんて思っていないからね。

Q13

劣等感を抱いてしまう

メッシに対してだって劣《れっ》等《とう》感《かん》を感じる必要はない。

君がメッシより優れていることはなに？

#岡部チャレンジ50

僕は劣等感を抱いたことがない。自分らしさで優《まさ》っているものを見つけていけばいいだけ。僕はメッシに比べて、サッカーの技術や稼《かせ》いだお金では劣《おと》っているけど、人生ってそれだけ？　僕には家族がいて、子どもがいて、将棋《しょうぎ》もゲームもうまいよ。自分の優《すぐ》れたところを見つけていくうちに、すべての人が唯一無二《ゆいいつむに》で魅力的《みりょくてき》なものがあるから比べる必要なんてないってことに気づくことができる。ありのままでいいと自分を肯定《こうてい》できるようになるよ。

Q14

嫉妬で苦しい

嫉《しっ》妬《と》はしない。時間のムダだから。

嫉妬する時間でできることってなに？
#岡部チャレンジ50

僕は誰にも嫉妬しない。嫉妬は人の成功を願えないから出てくる感情。人の幸福を喜ぼう。そして、自分のことに集中しよう。反対に、人に嫉妬心を抱《いだ》かれても気にする必要なんてない。どんなに完璧《かんぺき》な行動でも、相手の抱く感情は自分で操《あやつ》れるものではないから。そこに時間を注《そそ》いでいる暇《ひま》はない。

Q15

自信が持てない

自分の人生を肯《こう》定《てい》できなければそもそもなにもできないよ。

どうすれば自分を肯定できる？

#岡部チャレンジ50

今の自分を肯定できないなら、肯定できるくらいまで量をこなそう。自分にできる全力を尽《つ》くしてもだめなら、きっと諦《あきら》められる。こんだけやってうまくいかなかったらしょうがないなと思えるくらいまで、やるしかない。

Q16

自分の「型」を持つことは必要？

生き様を型《かた》にしよう。

君の型はなに？

#岡部チャレンジ50

「こういう生き方をしたい」という思いが、一つの型としてあればいい。僕の場合はチャレンジし続けることと、徹底的《てっていてき》に「好き」を追い続けること。型は特別なものでなくていい。型がないという型もあるし、すべての能力が平均的という型もある。そして、型は進化していくもの。進化するたび見える景色は変わるよ。

Q17

現状維持から抜け出せない

ピークになる前に手放せ。

現《げん》状《じょう》維《い》持《じ》を捨てて挑戦したいことはなに？

#岡部チャレンジ50

ゴールが見えたら次のことに取り掛かる。そうすると、ちょうどピークの時に次に行けるよ。僕は選手を引退してから、NPO法人を立ち上げたし、キッズスクールや大人向けのスクールも創《つく》ったけど、どれも軌道《きどう》にのって成功が見えてきた時にやめたんだ。そして今、ドリブルクリニックも卒業に向かっている。一番いい時にやめるのは不安だし、僕の場合、いつだって次にやることの確約はなかった。もちろんリスクは怖いけど、わくわくを失うほうがもっと怖いんだ。

Q18

成功への近道とは？

茨《いばら》の道か、一番遠回りだと思う道。

君が通る困難な近道はどんな道？

#岡部チャレンジ50

成功への近道は二つあって、一つは茨の道。もう一つは一番遠回りだと思う道。人がやりたくない、難しそうと考えるものにこそ成長は顔を出す。失敗を積み重ねたほうが、実は成功に近づいているのかもしれないよ。自分を信じて楽しみながら歩んでいこう。大きな壁《かべ》が目の前に現れても、勇気を出して一歩前に踏み出したら、その壁は自動ドアでサッと開くかもしれないしね。

Q19

応援してもらうにはどうすればいいの？

自分を不完全と認める。

君の不完全なところは？

#岡部チャレンジ50

できないものは、堂々とできないと言う。完璧《かんぺき》な人間なんていないから、かっこつけてできるふりなんてしないほうがいい。そのほうが、きっと応援してくれる人が見つかるはずだよ。

Q20

運を味方につけるには？

想像できないものは考えない。

運がなくたってやり通したいことは？

#岡部チャレンジ50

まずは、自分以外のものに頼《たよ》るのではなく、自分ができることに100％努力する。その先に、仲間や運など、自分の努力だけでは得られないものもついてくるんじゃないかな。自分に嘘《うそ》なく、人に優しく、形あるものに誠心誠意《せいしんせいい》尽《つ》くしてダメなら仕方がない。

Q21

お金がなくて不安

その気持ちがわからない。

お金があってもなくても変わらないものは？

#岡部チャレンジ50

お金は必要な分だけあればいい。お金がありすぎると何でもお金で解決しようとして無駄《むだ》なことをしなくなる。時間を費やし苦労したことにこそ、成長が隠《かく》れていることもあるから。大切なのは、使った分の見返りがあるかどうかではなく、これからに活きる使い方ができるかどうかじゃないかな。僕は結婚《けっこん》した時は月収13万円だったよ。収入の桁《けた》は変わったけど、幸せの桁はずっと変わらない。

Q22

逆境に押しつぶされそう

逆《ぎゃっ》境《きょう》を往《い》なそう。

君が往なしたい一番の逆境は？

#岡部チャレンジ50

僕は、逆境と言われるものを真《ま》に受けていない。心のどこかでは、逆境を逆境と思っていない。自分が想像できる一番の困難でも進んでいけると自分を信じているから、特に逆境だと思ったことがないんだ。

Q23

嫌なことがあった時はどうすればいい？

記《き》憶《おく》を置き去っちゃえば。

君のオン・オフ切り替え方法は？

#岡部チャレンジ50

僕は忘れんぼう体質だから、たいていの嫌《いや》なことは気にしない。だけど、どうしても忘れられないことがあったら、シャワーを浴びて切り替えるようにしているよ。オンとオフを切り替えるものを持とう。悩《なや》んでいるのは時間の無駄《むだ》。

Q24

人からの評価が気になる

大事な人からの評価にだけ、影《えい》響《きょう》されよう。

誰の評価がいちばん大事？

#岡部チャレンジ50

僕は基本的に、人からの評価に影響されることはない。人からの評価に左右される幸福は、本当の幸福ではないから。だけど例外《れいがい》があって、家族からの評価にだけは影響される。僕にとって自分の命より大事なのは家族だけだから。

Q25

自分らしくい続けるためには？

リアクションは選べない。

今日アクションしたことはなに？

#岡部チャレンジ50

相手の動きを見てかわすのは、リアクションドリブル。相手の動きを引き出してかわすのが、アクションドリブル。アクションできる人はリアクションもできるけど、アクションできない人はリアクションしか選べない。君はどっちがわくわくする？　リアクションを待つな。自分から行け。

Q26

嫌な思い出と向き合うためには？

過去の栄光よりもうまくいっていない今。

過去に見えなかった今の景色はなに？

#岡部チャレンジ50

僕は過去を見ない。どんな過去の栄光よりも、今のほうに価値がある。だって過去は変わらないけど、今は変わるから。過去の栄光ですら今に敵《かな》わないんだから、過去の大失敗なんて今にみじんも影《えい》響《きょう》しないよ。今に集中しよう。

Q27

思いきって一歩踏み出す勇気が出ない

後《こう》悔《かい》しながら
死にたくないよね。

明日が来ないとしたら後悔することはなに？

#岡部チャレンジ50

人はいつ死ぬかわからない。明日があるかもわからない。やりたくないことをして後悔したくない。僕が会いたいと思っていた何人かの人たちは、それが実現する前に亡くなってしまった。それで僕は、世界で一番会いたい人、元アルゼンチン代表のサッカー選手パヴロ・アイマール氏に会うためアルゼンチンに行ったんだ。会える確約なんてなかった。会えなかった時どうしようという怖さはあったけど、一番会いたい人に会わないまま人生を終えることはもっと怖いと思った。

前ページ写真：パヴロ・アイマール氏と著者

第3章

さらに
上を目指す
君へ

Q
28

練習の質と量、どちらが大事？

量をやらなければ、質は上がらないよ。

夢にどれくらい時間を割《さ》いている？

#岡部チャレンジ50

才能があっても、練習量の伴《ともな》わない人の言葉は信じたくない。そもそも、努力しなくてもすぐにできる力を僕は才能とは思わない。才能がある人は、絶対に量をしているはず。クリスティアーノ・ロナウドほどの選手でも「努力しなければ才能は役に立たない」と言っているよ。彼が世界一になれたのは、努力の天才だったから。

Q29

ベンチから出られず悔しい

メッシはベンチにいてもすごいよ。

君らしい武器はなに？

#岡部チャレンジ50

たとえばメッシは、試合に出なくてもベンチに選ばれることがある。彼がベンチにいると相手チームは試合が終わるまで彼が出ることを警戒《けいかい》してプレーし続けなくてはならない。彼がベンチにいるだけで、どれほど脅威《きょうい》なことか。

君がベンチにいることも一つの戦略と考えよう。チームにとって自分の力が必要であると、まず自分自身が信じて、自分になにができるか考えよう。チャンスが来た時は、だれかの代わりや真似《まね》でなく自分らしさを表現しよう!

Q30

どんな時に人は成長するの？

ネイマールと闘《たたか》え。

君の想像できる最大の挑戦は？

＃岡部チャレンジ50

もちろん、誰もがネイマールと闘う必要はないんだけど。要は、自分が今までできなかったことに挑戦するとか、自分が今まで無理だと思っていたことに一歩踏み出すその勇気が、成長に繋《つな》がるってこと。現状維持《げんじょういじ》は停滞。どんなに高いレベルにいたとしても、今まで積み重ねてきたことがどんなに素晴らしかったとしても、ぬるま湯につかり始めたら輝きは失われていくよ。

Q31

プロフェッショナルとは？

生き様がにじみ出る人。

君の理想の姿に繋がる行動とは？

#岡部チャレンジ50

自分の人生と、自分のやっていることが繋《つな》がっている人は強い。生き様とやりたいことが連動するほど勝手に結果が出るんだ。サッカー選手になりたいって言っている人が、家でゲームばっかりしていても、生き様はにじみ出ないよね。それでプロ選手になったとしても、僕はその人をプロフェッショナルとは思わない。理想と行動に一貫《いっかん》性《せい》があると生き様がにじみ出るよ。

Q32

スター選手の特徴とは？

人と違うことを何とも思っていない。

君が人と違っているところはどこ？

#岡部チャレンジ50

スター選手の特徴。
華《はな》がある。
人と違う。
自分の美学を持っている。

Q33

サッカー日本代表選手の優れたところは？

「うまくなりたい」がプライドを超えている。

君のプライドを超えるものはなに？

#岡部チャレンジ50

1. 強く求めること。
2. 行動に移すこと。
3. 人の意見に耳を傾《かたむ》けること。

レベルの高い選手はこの三つが揃《そろ》っている。日本代表選手を指導する時、彼らが人に教えを乞《こ》う姿をたくさん目にしたんだ。人の意見にまずは耳を傾ける、でも鵜呑《うの》みにはしない。それが一流の姿だと思うよ。

Q34

ライバルに負けたくない

僕にライバルはいない。

切磋琢磨できる本当の仲間は誰？

#岡部チャレンジ50

僕は自分を他者と比べない。切磋琢磨《せっさたくま》する仲間はいるけど、まったく同じ価値観を持つ人、まったく同じ道を通る人は一人としていないから。誰かと比べた先に自分はいない。

Q35

良いチームとは？

全員が主人公。

君の思う良いチームとは？
#岡部チャレンジ50

良いチームとは、自立した人の集まり。自分の長所をチームのために活かせる集団。全員が主人公でそれを互《たが》いに認め合えるのが本当のチームワーク。サッカーだと、試合に出ていない選手は「個」を発揮できないと思われがちだけど、どんな場所でも個は表現できる。ベンチの選手がふてくされずがむしゃらに、試合に出ている選手を全力でサポートできるチームはものすごく強い。試合に出ない人の質にチームの強さは比例する。みんながスターにはなれないけど、みんな主人公にはなれる。

Q
36

仲間を増やすにはどうすればいい？

リスペクト。

リストペクトできる人は誰？

#岡部チャレンジ50

相手をリスペクトしよう。リスペクトできる人となるべく一緒にいよう。自分が良いと思っている人に良いって思ってもらえるような自分になろう。リスペクトから始まり信頼に繋《つな》がれば、長く続く関係性になるよ。

どんな言い合いになっても、リスペクトがあることで良いほうに進む。リスペクトがないと、仮に目に見える結果が出たとしても、どこかで崩《くず》れる。たとえ結果が出なくてもリスペクトできる人こそが本物の仲間だから、大切にしよう。

Q37

結果がでなくて焦る

結果なんてオマケだよ。

君の望む結果とは？

#岡部チャレンジ50

結果は死ぬ瞬間《しゅんかん》までわからない。幸せだったか不幸せだったか、それだけ。っていうことは、結果なんて本人の気の持ちようってこと。僕はサッカー選手になれなかったけど、それは結果じゃない。逆に、もし僕がメッシになれたとしても、それは結果じゃない。なにをもって幸せと言うかは、自分で決めること。

Q38

敗者は幸せになれないの？

勝敗は自分で選べないけど幸福は選べる。

君の目標はナンバーワン？　オンリーワン？

#岡部チャレンジ50

幸福は、自分がオンリーワンだと気づいた瞬間《しゅんかん》に手に入れることができる。ナンバーワンの世界では敗者は幸せになれないかもしれないけど、オンリーワンの世界では敗者はそもそもいない。

Q 39

感覚を磨くためにどうしたらいい？

言語化してみよう。

君の特技を人にわかるように言語化してみて

#岡部チャレンジ50

感覚的に理解していることを人に伝えようと努力することで、より奥底《おくそこ》にある感覚に到達《とうたつ》することができる。言語化することによって、感覚は研《と》ぎ澄《す》まされていくよ。僕は1言って10伝わる人に対してその言葉ではなく、10言って1しか伝わらない人にも100伝わるような言葉になるよう、意識しているよ。

Q40

サッカーにおける頭の良さとは？

相手の想像を一歩超える。

人の想像を超えたエピソードは？

#岡部チャレンジ50

人は想像できないことには対応できない。ドリブルの究極は、相手より一歩先にボールに触《さわ》り続けること。ただ僕の場合は、相手の考えを想像するというよりは、自分の中の一番難しいことをやったら自然と一歩先を行っていたんだ。つまり、自分が想像できる一番難しい選択肢《せんたくし》を常に選び続けるということ。そういう癖《くせ》をつけよう。

Q41

さぼりたい気持ちになった時はどうすればいい？

やりたくないからさぼるな、やりたいことがあるからさぼれ。

さぼって本気でやりたいことはなに？

#岡部チャレンジ50

「やりたくないことがあるからさぼる」という考えになると、逃げているとか妥《だ》協《きょう》していると か、自分に対して後ろ向きな言動になる。「やりたいことがあるからさぼる」「やりたいことのためにさぼる」。最高に堂々と気持ちよくさぼろう！さぼったツケはいつか自分に返ってくるけど、それでも全然よかったと思えるくらい有《ゆう》意《い》義《ぎ》にさぼろう！

Q42

個性が見つからない

そもそも誰目線で？

得意なものと好きなもの、両方挙げてみて

#岡部チャレンジ50

個性には二つの視点がある。人から見て得意なものと自分が好きなもの、どちらを個性とするのか。僕の友人は、人と違う力こそが個性と考え、ずっと突出したものを探していた。僕から見るとオール80点の男で、すべて器用にこなす最高の個性をすでに持っているのにと思っていた。ある日、僕の仕事のサポートをお願いしたら、イベントの司会、動画撮影・編集、アテンド…、全部一人でやる姿を見て驚愕《きょうがく》した。彼が、その後の僕のマネージャーだ。人から求められたものを自分の個性として受け入れた一つの例だ。

Q43

夢のために日常生活でなにができる？

24時間、すべての物事を夢に関連付けさせる。

日常生活が夢に活きたことはある？

#岡部チャレンジ50

僕の場合は日常生活の中でも、体の動かし方とか物事の考え方とか、すべてをドリブルに関連付けさせる。好きな人や大事な人がいたら、常にその人のことを考えるような状態かな。ラグビーを見ても剣《けん》道《どう》を見ても、ドリブルだったらこういう所で使えるなって考えるんだ。メンタル面だと、家族が大変な時こそ楽しませられるように自分がなにか一手を打つことを考えるから、サッカーでもチームの流れが悪い時こそ、自分が楽しんで空気を変えるドリブルができるんだと思うよ。

Q44

人を評価する基準は？

成長力。

君は、どんな時に人をほめる？

＃岡部チャレンジ50

僕は人をほめることしかしない。叱《しか》るとしたら、その人が自分の心に嘘《うそ》をついている時。たとえ失敗したとしても、チャレンジしたことに対してほめてあげたいと思う。人の悪い所は、探そうとすれば絶対に見つかる。でも嘘がなくほめられるような所は、本当に頑張っている人に対してしか見出すことはできない。

Q45

周りが言うことを聞いてくれない

背中で見せろ。

なにを伝えたくてそこにいる？

#岡部チャレンジ50

まず、君が周り以上にやっているかな？

僕は、子どもにドリブルのイベントをする時、最後に必ずドリブル対決を行なうんだ。それは、まず僕自身がチャレンジする姿を見せたいから。この対戦は、僕にとって分が悪い。取られたら下手くそだって思われるし、抜《ぬ》けても「相手が子どもだから」って言われる。でも指導者として、まず自分がチャレンジする心を示したいという気持ちがあるから、そうしているんだ。

Q46

人の役に立てないとだめなの？

もう役に立っているよ。

予想外に役に立っていたことは？

#岡部チャレンジ50

役に立ちたいと思って行動している人は、もちろんそれでいいんだけど、たとえば子どもが生きてくれているだけで、親はありがとうって言うんだ。子ども自身は役に立ちたいと思っていないけど、親にとってはすごく役立っているよね。

僕も初めのうちは、ただただ自分のやりたいことをやって、まずは自分が楽しいっていう感覚を研《と》ぎ澄《す》ませていった。その先に、それが人に必要とされるものなんだって徐々に気がついて、そこからは自分の考えを人の役に立てるように変《へん》換《かん》していったよ。まずは、自分の「楽しい」を大切にしよう！

Q47

本当の強さとは?

弱さ。

君の考える強さとは?

#岡部チャレンジ50

強くなるということは、弱くなることなのではないかと僕は思う。強い人こそ、人の痛みや悲しみを感じられる。それは時として、自分を犠牲《ぎせい》にする弱さとなる。経験を重ね、心が強くなればなるほど、人は大きく優しく、思慮深《しりょぶか》くなり、主張は減り、怒ることも減り、人に感謝し、なにかの役に立ちたいと願う。最弱になれる人こそ最強の人だと僕は思う。

Q48

どうすれば夢が叶うの？

いつまでも夢の途中。

これから叶える最大の夢を書こう

#岡部チャレンジ50

僕の最大の夢は、死ぬまで幸せであり続けること。この夢が叶《かな》うまで本当の意味で夢が叶ったとは思わない。この大きな夢を叶えるために目標にしてきた小さな夢は、今まですべて叶っている。その叶え方は、小さな夢を叶えた先を想像して、そのためになにが必要かを考えること（逆算思考）。情熱を持つこと、満足せずに圧倒的《あっとうてき》に行動すること、人に感謝すること。そして、それらを継続《けいぞく》することだよ。

Q49

豊かな人生とは？

支配からの卒業。

君の心に響《ひび》く歌詞は？

#岡部チャレンジ50

誰からも支配されることなく、誰を支配することもなく、自分らしく、それぞれがそれぞれの生き方を楽しむこと。それが、豊かな人生だと思うよ。

Q 50

岡部さんがドリブルに特化した理由は？

好きだから。

とんでもなく好きなことはなに？

#岡部チャレンジ50

大好きだから。

おわりに

みなさん、いかがでしたでしょうか。

ずいぶん極端な答えが多かったと思いますが、自分に嘘なく生きると、自ずと答えも明確になるのだと思います。

答え方は様々でしたが、僕が一貫して伝えているのは、自分自身の心の奥底から出た答えはすべて正解だということ。

だからこそ、「失敗なんてない！　自分らしく歩もう！」と一歩踏み出してくださることを願っています。

自分が「やりたい！」と思い、本気で挑戦した先に失敗はない。

なぜなら、結果がどうであれ、本気で生きることの充実感は必ず得られると思うから。

幸せに生きること、それこそが人生における唯一の成功なのだと思います。


僕の考え方は無敵です。

でも裏を返すと「自分がやりたいのは挑戦しないで生きること」と決めて、自分と向き合わずに逃げ続けることもできる。

現状から逃げるために使うのではなく、自分らしい人生を謳歌するために活かしてほしいと思います。

本気で挑戦した先に失敗がないのと同様に、心の底から挑戦したいことでなければ、たとえどんなに結果が出てもそれは成功ではないと、僕は思います。

今回、創元社の内貴さんから書籍のお話をいただいた時、実はありがたいことに、他に7社からお話を頂戴していました。

でも内貴さんから届いた一発目のメールで、すでに口説き落とされていました。

僕のこれまでの活動をしっかりと精査してくださっているのがわかる文面にも関わらず、ドリブルでなく「生き様そのものにフォーカスした本」を提案してくださる覚悟。心が動くにはそれで充分でした。

内貴さんの覚悟に触れ、僕だけでなくマネージャーの長本、そして、僕の人生で一番大切な妻も仕事の合間を縫って協力してくれました。

この時間こそが僕にとって本当に幸せな時間となりました。感謝しております。

相手が大きな企業でなくても、有名人でなくてもいい。

自分の心に嘘なく夢中になれるものに、心動かされる人と共に歩み続ける。それこそが、最強で最高の生き方だと、僕は信じています。

みなさん、これからも共に「今を全力で」楽しんでいきましょう！　お読みくださり、ありがとうございました。

岡部将和

岡部将和　Okabe Masakazu

ドリブルデザイナー

ドリブルを通して
「挑戦を駆り立てる」

Fリーグ出身のドリブル専門の指導者。誰でも抜けるドリブル理論を持ち、YouTubeをはじめ様々なSNS上で配信する。フォロワーは180万以上、ドリブル動画閲覧数は2億ビューを超える。国内はもちろん世界各国からアクセスされ、現在は全世界でドリブルクリニックを開催中! またサッカー日本代表選手や世界のスター選手に個別で独自のドリブル理論を指導。ロナウジーニョ、ネイマール、ヴィニシウス、本田圭佑、ジーコ、デルピエロ、ピルロなど名だたる選手達とコラボ・対談を果たしている。

サッカー歴

・あざみ野FC（神奈川県大会 優勝）
・横浜マリノスジュニアユース
・神奈川県立荏田高校
・桐蔭横浜大学（キャプテンとして在籍）

フットサル歴

・PREDATOR URAYASU FC SEGUNDO
・Fリーグ所属バルドラール浦安（Fリーグ初年度２位・
全日本フットサル選手権2008年度 全国優勝）
・スペイン２部リーグ Laguna Playas de Salou
・Fリーグ所属湘南ベルマーレ
（全日本フットサル選手権2010 全国準優勝）

引退後

・Make Smile Project始動（フットサル普及活動）
・チームSMILE監督就任
・少年フットサルクラブ設立
・Make Smile Project NPO法人設立
（NPO法人ONF 理事長就任）

ドリブルデザイナー岡部将和《おかべまさかず》の挑戦《ちょうせん》を駆《か》り立《た》てる50の言葉《ことば》

2020年4月20日　第1版第1刷発行

著者　岡部将和
発行者　矢部敬一
発行所　株式会社 創元社
〈本社〉
〒541-0047 大阪市中央区淡路町4-3-6
電話 06-6231-9010(代)
〈東京支店〉
〒101-0051 東京都千代田区神田神保町1-2 田辺ビル
電話 03-6811-0662(代)
〈ホームページ〉
https://www.sogensha.co.jp/

編集協力　長本大将、岡部奈央
ブックデザイン　小口翔平+三沢稜(tobufune)
印刷　図書印刷

乱丁・落丁本はお取り替えいたします。定価はカバーに表示してあります。

ISBN978-4-422-75304-1　C0075

本書の感想をお寄せください
投稿フォームはこちらから▶▶▶▶